REIS

Dieses Buch gehört:
ZWERGENSTÜBCHEN
REISKÜCHE

Zwergenstübchen

REISKÜCHE

Kaufmann Verlag

Die Zwerge bitten zu Tisch - sie servieren Ihnen in der Zwergenstübchen Reisküche viele süße und pikante Reisgerichte. Lassen Sie sich die knusprigen Reis-Mozzarella-Küchlein schmecken - Sie werden begeistert sein. Einen guten Appetit wünschen Ihnen alle Zwerge.

Elke und Timo Schuster

Reis-Mozzarella-Küchlein

Zutaten:

250 g Milchreis, etwas Salz, 80 g geriebener Hartkäse, 2 Eier, etwas Pfeffer, 125 g Mozzarella-Käse, etwas Semmelbrösel, Öl zum Ausbacken

Zubereitung:

Reis in Salzwasser garen. Zu dem abgekühlten Reis Hartkäse, Eier, Pfeffer geben, gut vermischen. Aus der Reismasse Kugeln formen, in jede einen Würfel Mozzarella drücken (jeden Mozzarellawürfel ganz mit Reis umhüllen). Die Kugeln zu flachen Küchlein drücken, beidseitig in Semmelbrösel wenden und in heißem Öl goldgelb ausbacken.

Zwergenstübchen

Reis-Grundrezepte aus der Zwergenküche

Reis in kaltes Wasser geben und blanchieren. Danach in ein Sieb schütten, kalt abbrausen. Den Reis erneut mit kaltem Wasser, Fleisch- bzw. Gemüsebrühe oder Milch zum Kochen bringen (bei der Milchreis-Zubereitung den Topfboden zuerst mit Wasser bedecken, damit der Reis nicht anbrennt, anschließend die Milch zufügen). Nun bei geringer Hitze zugedeckt ca. 25 Minuten ausquellen lassen. Den gegarten Reis abschütten und wie im Rezept angegeben weiter verarbeiten.

Beim zweiten Grundrezept 2 Tassen Reis in 5 Tassen kochendes Wasser, Fleisch- bzw. Gemüsebrühe oder Milch einrühren. Den Reis kurz aufkochen, bei geringer Hitze zugedeckt etwa 25 Minuten ausquellen lassen.

Die Reisrezepte in diesem Buch können nach beiden Grundrezepten zubereitet werden.

SÜSSES REIS-QUICHE

Zutaten:
125 g Milchreis
1/2 l Milch
50 g Butter
60 g Zucker
4 Eigelb
4 Eiweiß
1 Esslöffel Zucker
1 Becher süße Sahne
1 Päckchen Vanillezucker
1 Päckchen Sahnesteif
1 Dose Aprikosen

Zubereitung:
Reis in Milch garen, abkühlen lassen. Butter schaumig schlagen. Abwechselnd Zucker, Eigelb zufügen, gut mitrühren. Den Reis dazugeben und alles vermischen. Das mit Zucker steifgeschlagene Eiweiß unterziehen.

Die Reismasse in eine gefettete Quicheform füllen. Im vorgeheizten Backofen bei 180 Grad ca. 30 Minuten backen. Sahne, Vanillezucker, Sahnesteif schlagen. Etwas Sahne auf den ausgekühlten Reisboden streichen, die Aprikosen darüber verteilen und mit der restlichen Sahne verzieren.

REIS-KÜCHLEIN

Zutaten:
80 g Reis
150 g Mehl
2 Teelöffel Backpulver
etwas Salz
1 Ei
350 ml Milch
etwas Butter

Zubereitung:
Reis in Wasser garen (den Grundrezepten entsprechend). Mehl, Backpulver, Salz, Ei, Milch zu einem glatten Teig verrühren, den abgekühlten Reis zufügen, alles gut vermischen. Butter in einer Pfanne erhitzen, pro Küchlein etwas Teig hinein geben, flach drücken, beidseitig goldbraun ausbacken und heiß servieren. Nach Belieben Apfelmus dazu reichen.

REIS-PUDDING

Zutaten:
125 g Milchreis
1 l Milch
1 Päckchen Vanille-puddingpulver
2 Esslöffel Zucker
100 g Schokolade

Zubereitung:
Reis in $^{1}/_{2}$ l Milch garen. Einen Pudding nach Packungsanweisung aus $^{1}/_{2}$ l Milch, Puddingpulver und Zucker kochen. Schokoladenstückchen in den heißen Pudding einrühren, den leicht abgekühlten Reis untermischen. Die Masse in kalt ausgespülte Pudding-Förmchen (oder in eine Schüssel) füllen, nach dem Erkalten stürzen. Der Pudding kann mit Früchten und Sahnetupfen verziert werden.

Reis-Nuss-Schnitten

Zutaten:
180 g Milchreis, 3/4 l Milch, 2 Eier,
50 g Zucker, 1 Päckchen Vanillezucker,
1 Teelöffel Zimt, 100 g gemahlene Haselnüsse,
75 g Rosinen, etwas Semmelbrösel,
Öl zum Ausbacken

Zubereitung:
Reis in Milch garen. Eier, Zucker, Vanillezucker, Zimt verquirlen, zu dem Reis geben. Haselnüsse, Rosinen zufügen, alles gut vermischen. Die Masse auf eine mit Semmelbrösel bestreute Arbeitsfläche ca. 2 cm dick streichen. Semmelbrösel darüber verteilen, kaltstellen. Die Reisplatte in Rechtecke schneiden, diese in heißem Öl ausbacken. Dazu schmeckt Kompott oder Apfelmus.

Reis-Zimt-Schnitten

Zutaten:
325 g Milchreis, 1 l Milch,
60 g Zucker, 60 g Butter, 1 Ei,
etwas Zucker und Zimt

Zubereitung:
Reis in Milch garen. Danach Zucker, Butter und Ei einrühren. Die Reismasse auf ein gefettetes Backblech streichen, kaltstellen. Anschließend mit Zucker und Zimt bestreuen. Im vorgeheizten Backofen bei 250 Grad ca. 15 Minuten hellgelb backen. Die abgekühlte Reisplatte in Streifen schneiden. Die Zwerge essen dazu besonders gerne Apfel- oder Zwetschgenmus.

1. Marzipan-Reis

Zutaten:
150 g Milchreis
$^3/_4$ l Milch
80 g Zucker
2 Päckchen Vanillezucker
150 g Marzipan-Rohmasse
1 Becher süße Sahne

Zubereitung:
Reis in Milch mit Zucker und Vanillezucker garen. Marzipanstückchen mit Sahne glatt rühren und anschließend unter den noch heißen Reis mischen. Zum Marzipan-Reis Schokoladensoße oder Kompott reichen.

2. Nougat-Reis

Zutaten:
150 g Milchreis
$^3/_4$ l Milch
80 g Zucker
2 Päckchen Vanillezucker
150 g Nussnougat
1 Becher süße Sahne

Zubereitung:
Den Reis wie beim Marzipan-Reis zubereiten. Das in Stückchen geschnittene Nougat mit der Sahne glatt rühren, danach unter den noch heißen Reis mischen. Besonders gut schmeckt zum Nougat-Reis Vanillesoße oder Kompott.

QUARK-REIS

Zutaten:

- 100 g Milchreis
- $^{1}/_{2}$ l Milch
- 80 g Zucker
- 1 Päckchen Vanillezucker
- 150 g Quark
- 50 g Zucker
- 2 Esslöffel Pfirsichsaft (von den abgetropften Tortenpfirsich-Schnitten)
- 2 Esslöffel Crème fraîche
- 1 Dose Tortenpfirsich-Schnitten

Zubereitung:

Reis in Milch mit Zucker und Vanillezucker garen. Quark, Zucker, Pfirsichsaft, Crème fraîche gut verrühren, anschließend den abgekühlten Reis untermischen.

Die Hälfte der Reismasse in eine Schüssel füllen, abgetropfte Pfirsich-Schnitten darauf legen, restlichen Reis darüber geben. Den Quark-Reis mit Pfirsichen verzieren und kalt servieren.

CURRY-REISSUPPE

Zutaten:

100 g Reis
1 Zwiebel
2 Esslöffel Kokosraspel
etwas Öl
1 Apfel
2 Esslöffel Curry
50 g Mehl
1 l Fleisch- oder Gemüsebrühe
1 Eigelb
1/2 Becher süße Sahne

Zubereitung:

Reis in Wasser garen. Kleingehackte Zwiebel und Kokosraspel in heißem Öl leicht andünsten. Nun den fein geriebenen Apfel sowie Curry und Mehl einrühren, danach mit Fleisch- oder Gemüsebrühe ablöschen, ca. 5 Minuten köcheln lassen. Den Reis dazugeben, die Suppe nochmals aufkochen, anschließend vom Herd nehmen. Zum Schluss das mit Sahne verquirlte Eigelb unterziehen.

MOZZARELLA-REIS

Zutaten:

250 g Reis
etwas Salz
125 g Mozzarella-Käse
70 g geriebener Hartkäse
1/2 Bund Petersilie
etwas Butter
30 g Mehl
1/4 l Gemüsebrühe
1/4 l Milch
etwas Salz und
Pfeffer
30 g geriebener Hartkäse

Zubereitung:

Reis in Salzwasser garen. Kleingewürfelten Mozzarella, geriebenen Hartkäse sowie feingehackte Petersilie zu dem abgekühlten Reis geben und alles vermischen. Für die Soße Butter schmelzen, das Mehl zufügen, unter Rühren hellgelb anschwitzen. Danach mit Gemüsebrühe und Milch ablöschen, gut würzen, ca. 10 Minuten köcheln lassen. Die Soße unter den Mozzarella-Reis mischen und in eine gefettete Auflaufform füllen. Zum Schluss Hartkäse darauf verteilen. Im vorgeheizten Backofen bei 220 Grad ca. 15 Minuten backen.

ÜBERBACKENER REIS MIT FILET

Zutaten:
1 Zwiebel
250 g Reis
etwas Olivenöl
3/4 l Fleisch- oder Gemüsebrühe
etwas Knoblauchsalz
500 g Schweinefilet in Scheiben geschnitten
etwas Öl
etwas Salz und Pfeffer aus der Mühle
100 g geriebener Parmesankäse

Zubereitung:
Feingewürfelte Zwiebel und Reis in heißem Öl glasig dünsten. Fleisch- oder Gemüsebrühe sowie das Knoblauchsalz zufügen, zugedeckt ca. 30 Minuten garen. Filetscheiben in heißem Öl von beiden Seiten anbraten, mit Salz und Pfeffer würzen.

Nun 50 g Parmesankäse unter den Reis mischen, diesen in eine gefettete Auflaufform füllen, die Filetscheiben darauf legen und mit dem restlichen Käse bestreuen. Im vorgeheizten Backofen bei 200 Grad etwa 30 Minuten backen.

REIS-HACKFLEISCH-GERICHT

Zutaten:
200 g Reis
1 Zwiebel
etwas Olivenöl
300 g Tomaten
etwas Knoblauchsalz,
Pfeffer und Basilikum
250 g Hackfleisch
etwas Öl
etwas Salz, Pfeffer
und Paprika
75 g geriebener Hartkäse
1/2 Becher süße Sahne

Zubereitung:
Reis in Gemüsebrühe garen. Währenddessen die Tomatensoße zubereiten. Feingehackte Zwiebel in heißem Öl glasig dünsten, kleingeschnittene Tomaten dazugeben (Tomaten zuvor enthäuten), ca. 20 Minuten köcheln lassen und mit den Gewürzen abschmecken.

Hackfleisch in heißem Öl anbraten, Tomatensoße zufügen, 5 Minuten köcheln lassen und gut würzen. Die Hackfleisch-Tomatensoße unter den Reis mischen, in eine gefettete Auflaufform füllen. Das Gericht mit Käse bestreuen, Sahne darüber gießen und im vorgeheizten Backofen bei 200 Grad ca. 35 Minuten backen.

KÜRBIS-CURRY-REIS

Zutaten:
250 g Reis
500 g Kürbisfleisch
1 Stange Lauch
1 Zwiebel
etwas Öl
2 Esslöffel Curry
etwas Salz
etwas Gemüsebrühe

Zubereitung:
Reis in Gemüsebrühe garen. Währenddessen Kürbiswürfel, Lauchringe, feingehackte Zwiebel in heißem Öl andünsten, Gewürze zufügen und alles gut vermischen. Das Gemüse mit Brühe ablöschen, zugedeckt ca. 5 Minuten köcheln lassen, danach den Reis unterrühren.

KÖSTLICHER REISKUCHEN

Zutaten:

Teig:

200 g Mehl

80 g Zucker

1 Päckchen Vanillezucker

1 Ei

1 Esslöffel Wasser

100 g Butter

Belag:

100 g Milchreis

$^{1}/_{2}$ l Milch

100 g Zucker

1 Päckchen Vanillezucker

600 g Äpfel

etwas Zitronensaft

2 Esslöffel Zucker

$^{1}/_{2}$ Teelöffel Zimt

250 g Quark
4 Eigelb
30 g Rosinen
1 Esslöffel gemahlene Haselnüsse
4 Eiweiß
2 Esslöffel Zucker
4 Esslöffel Quitten-Gelee

Zubereitung:
Mehl, Zucker, Vanillezucker, Ei, Wasser, Butter zu einem glatten Teig verarbeiten, ca. 1 Stunde kaltstellen. Für den Belag Reis in Milch mit Zucker und Vanillezucker garen. Äpfel schälen sowie das Kerngehäuse entfernen. Davon zwei Äpfel vierteln und in feine Scheiben schneiden, Zitronensaft darüber träufeln. Restliche Äpfel klein würfeln, Zitronensaft, Zucker und Zimt untermischen, durchziehen lassen. Den Teig auf einer bemehlten Arbeitsfläche auswellen, in eine gefettete Springform legen, den Boden mehrmals mit einer Gabel einstechen. Im vorgeheizten Backofen bei 180 Grad 15 Minuten vorbacken. Währenddessen Quark, Eigelb verrühren, Rosinen, Haselnüsse, abgekühlten Reis dazugeben, gut vermengen. Apfelwürfel und das mit Zucker steifgeschlagene Eiweiß unterziehen. Auf dem vorgebackenen Kuchen zuerst die Quark-Reis-Masse gleichmäßig verteilen, darüber alle Apfelscheiben schuppenförmig anordnen. Den Kuchen bei 180 Grad ca. 40 Minuten backen. Nun die Apfelscheiben mit dem leicht erwärmten, glatt gerührten Quitten-Gelee bestreichen, in weiteren etwa 10 Minuten fertig backen. Der Reiskuchen sollte noch 15 Minuten im ausgeschalteten Backofen stehen bleiben, anschließend aus dem Ofen nehmen und in der Form erkalten lassen.

SAFRANREIS MIT GEFÜLLTEN TOMATEN

Zutaten:
300 g Reis
1/2 Teelöffel Safranpulver
50 g Butter
4 große Tomaten
etwas Salz und Pfeffer
4 Eier

Zubereitung:
Reis in Salzwasser garen. Safran mit der zerlassenen Butter verrühren, anschließend unter den Reis mischen. Diesen in eine gefettete Auflaufform füllen. Von jeder Tomate einen Deckel abschneiden, aushöhlen, gut würzen. Die Tomaten auf den Reis setzen und jeweils ein rohes Ei hinein geben. Den Safranreis mit gefüllten Tomaten im vorgeheizten Backofen bei 250 Grad 10 Minuten backen.

SÜSSER FRUCHTREIS

Zutaten:

180 g Milchreis
$^{3}/_{4}$ l Milch
70 g Zucker
2 Päckchen Vanillezucker
etwas Zimt
2 Eigelb
2 Äpfel
etwas Zucker und Zimt
etwas Butter

Zubereitung:

Reis in Milch mit Zucker, Vanillezucker und Zimt garen. Anschließend die Eigelb einrühren. Den Reis in eine gefettete Auflaufform füllen. Äpfel schälen, vierteln, Kerngehäuse entfernen und in feine Scheiben schneiden. Diese schuppenförmig auf den Reis legen, mit Zucker-Zimt-Gemisch bestreuen, Butterflöckchen darüber verteilen. Nun im vorgeheizten Backofen bei 250 Grad ca. 15 Minuten backen.

REIS-BRATÄPFEL

Zutaten:

200 g Milchreis
$^{3}/_{4}$ l Milch
80 g Zucker
1 Päckchen Vanillezucker
1 Teelöffel Zimt
4 Äpfel
1 Esslöffel Honig
1 Esslöffel Crème fraîche
1 Esslöffel gemahlene Haselnüsse
1 Esslöffel Rosinen
1 Esslöffel Reis
etwas Butter

Zubereitung:

Reis in Milch mit Zucker, Vanillezucker und Zimt garen. Währenddessen Äpfel schälen, Kerngehäuse herausstechen und etwas aushöhlen. Honig, Crème fraîche, Haselnüsse, Rosinen, Reis (von der etwas abgekühlten Reismasse) vermischen, danach in die Äpfel füllen. Nun den Reis in eine gefettete Auflaufform geben, die Äpfel darauf setzen, Butterflöckchen gleichmäßig darüber verteilen. Die Reis-Bratäpfel im vorgeheizten Backofen bei 225 Grad ca. 25 Minuten backen.

PILZREIS MIT RÜHREI

Zutaten:
250 g Reis
1 Zwiebel
etwas Butter
1 Paprikaschote
300 g Pilze
etwas Salz und Pfeffer
3 Eier
etwas Wasser
etwas Kräutersalz und
Pfeffer
etwas Butter
1/2 Bund Schnittlauch

Zubereitung:
Reis in Gemüsebrühe garen. Währenddessen die kleingehackte Zwiebel in zerlassener Butter glasig dünsten, Paprikawürfelchen, feingeschnittene Pilze zufügen, mitdünsten, gut würzen.

Eier mit etwas Wasser und den Gewürzen verquirlen, in zerlassene Butter geben, bei schwacher Hitze unter Rühren stocken lassen. Die Rühreier sowie das Gemüse mit dem Reis vermischen. Zum Schluss Schnittlauchröllchen darüber streuen.

REIS-OMELETTE

Zutaten:

200 g Reis
etwas Salz
200 g gekochten Schinken
70 g geriebener Hartkäse
$^{1}/_{2}$ Bund Petersilie
5 Eier
etwas Kräutersalz,
Pfeffer und Paprika
etwas Butter
$^{1}/_{2}$ Bund Schnittlauch

Zubereitung:

Reis in Salzwasser garen. Schinkenstreifen, Käse, feingehackte Petersilie und die mit den Gewürzen verquirlten Eier unter den Reis mischen. Die Masse in zerlassene Butter geben, bei schwacher Hitze beide Seiten goldgelb backen. Das Reis-Omelette auf einer Platte anrichten, Schnittlauchröllchen darüber streuen und sofort servieren.

PAPRIKAREIS MIT HÄHNCHENFILET

Zutaten:
250 g Reis
etwas Salz
4 Hähnchenfilets
etwas Öl
etwas Salz und Pfeffer
aus der Mühle
1 Zwiebel
2 Paprikaschoten
etwas Knoblauchsalz
und Pfeffer
2 Tomaten

Zubereitung:
Reis in Salzwasser garen. Hähnchenfilets in Stücke schneiden, diese in heißem Öl auf beiden Seiten anbraten, gut würzen, danach aus der Pfanne nehmen. Feingehackte Zwiebel und Paprikawürfelchen im Bratenfond andünsten, mit den Gewürzen abschmecken. Kleingewürfelte Tomaten (zuvor enthäuten) und den Reis unter das Gemüse mischen, nun das Hähnchenfleisch darauf verteilen. Den Paprikareis mit Hähnchenfilet zugedeckt bei schwacher Hitze noch 10 Minuten garen.

GEMÜSEREIS

Zutaten:
200 g Reis
3 Esslöffel Olivenöl
etwas Knoblauchsalz
1 Aubergine
1 Zucchini
1 Paprikaschote
1 Zwiebel
etwas Kräutersalz,
Pfeffer und Basilikum
1/2 Bund Petersilie

Zubereitung:
Den Reis in Gemüsebrühe garen. Währenddessen Olivenöl, Knoblauchsalz verrühren, Auberginenwürfel zufügen, zugedeckt durchziehen lassen. Anschließend diese mit dem Öl in eine heiße Pfanne geben sowie nacheinander Zucchini-, Paprikawürfel und kleingeschnittene Zwiebel. Nun das Gemüse andünsten, gut würzen. Den Reis und die feingehackte Petersilie untermischen.

PIKANTER REISKUCHEN

Zutaten:
200 g Reis
etwas Salz
30 g Butter
75 g geriebener Hartkäse
2 Eier
etwas Salz und Oregano
etwas Tomatensoße
100 g gekochten Schinken
1 Paprikaschote
1 Tomate
1 Zucchini
100 g Pilze
etwas Kräutersalz
und Pfeffer
50 g geriebener Hartkäse

Zubereitung:
Reis in Salzwasser garen. Butter, Hartkäse sowie die mit Salz und Oregano verquirlten Eier zufügen, alles vermischen. Die Reismasse in eine gefettete Quicheform füllen. Nun Tomatensoße auf den Reisboden streichen, mit Schinken-, Paprikastreifen, Tomaten-, Zucchinischeiben und blättrig geschnittenen Pilzen belegen, gut würzen, anschließend Hartkäse darüber verteilen. Im vorgeheizten Backofen bei 225 Grad ca. 30 Minuten backen.

REIS
ORE
GANO

KULINARISCHES REIS-MENÜ

1. Gefüllte Reis-Tomaten

Zutaten:
30 g Reis
etwas Salz
40 g Hartkäse
4 Scheiben Lachsschinken
3 Esslöffel Mayonnaise
4 Tomaten

Zubereitung:
Reis in Salzwasser garen. Danach den abgekühlten Reis sowie die Käsewürfelchen und kleine Schinkenstreifen mit Mayonnaise vermischen. Von jeder Tomate einen Deckel abschneiden. Nun alle Tomaten aushöhlen und mit der Reismasse füllen. Die ebenso etwas ausgehöhlten Deckel auf die Reis-Tomaten setzen.

2. Reis-Kartoffelsuppe

Zutaten:
60 g Reis
3 Kartoffeln
2 Möhren
1 Stange Lauch
30 g Butter
1 $^{1}/_{2}$ l Gemüsebrühe
etwas Salz und Pfeffer
$^{1}/_{2}$ Bund Petersilie

Zubereitung:
Reis in Gemüsebrühe garen. Kartoffelwürfel sowie feingeschnittene Möhren und Lauchringe in zerlassener Butter andünsten, mit Gemüsebrühe auffüllen, ca. 10 Minuten köcheln lassen. Danach den Reis zu der Suppe geben, unter Rühren kurz aufkochen, gut würzen. Zum Schluss feingehackte Petersilie darüber streuen.

3. Reis-Avocado-Salat

Zutaten:
125 g Reis
2 Avocados
1 Zitrone
1 Paprikaschote
2 Tomaten
1 Zwiebel
3 Esslöffel Öl
etwas Knoblauchsalz
und Pfeffer

Zubereitung:
Reis in Gemüsebrühe garen. Avocados schälen, halbieren, etwas Zitronensaft darüber träufeln. Nun drei Avocado-Hälften sowie Paprika und Tomaten in kleine Würfel schneiden, Zwiebel fein hacken, alles zu dem abgekühlten Reis geben, vorsichtig vermischen. Die vierte Avocado-Hälfte mit dem restlichen Zitronensaft pürieren, Öl und Gewürze langsam einrühren, anschließend die Marinade unter den Reis ziehen. Danach den Reis-Avocado-Salat zugedeckt ca. 30 Minuten kaltstellen.

4. Reisgulasch

Zutaten:
500 g Gulasch
etwas Öl
1 große Zwiebel
etwas Knoblauchsalz,
Majoran, Paprikapulver (scharf) und
Pfeffer aus der Mühle
$^3/_4$ l Gemüsebrühe
2 Paprikaschoten
3 Tomaten
180 g Reis

Zubereitung:
Gulasch in heißem Öl anbraten. Feingehackte Zwiebel zufügen, kurz mitbraten, gut würzen, danach mit der Gemüsebrühe ablöschen. Nun Paprika und enthäutete Tomaten klein schneiden, zu dem Gulasch geben, einmal aufkochen, anschließend den Reis einrühren. Das Reisgulasch ca. 45 Minuten köcheln lassen.

5. Feinschmecker-Reis

Zutaten:
250 g Reis
200 g gekochten Schinken
2 Esslöffel Speisestärke
etwas Sahne
1 kg Tiefkühl-Spinat
etwas Gemüsebrühwürfel,
Knoblauchsalz und Pfeffer
2 Eier
Butterflöckchen

Zubereitung:
Reis in Gemüsebrühe garen. Kleine Schinkenstreifen unter den Reis mischen. Speisestärke mit Sahne verrühren, zu dem gut ausgedrückten Spinat geben, aufkochen, würzen, danach die verquirlten Eier einrühren.

Nun in eine gefettete Auflaufform lagenweise die Hälfte Reis, den Spinat sowie restlichen Reis schichten, Butterflöckchen darüber verteilen. Im vorgeheizten Backofen bei 200 Grad ca. 30 Minuten backen, aus dem Ofen nehmen, einige Minuten stehen lassen, anschließend den Feinschmecker-Reis auf eine Platte stürzen.

6. Reis mit Apfelmus

Zutaten:
250 g Milchreis
$^3/_4$ l Milch
50 g Butter
3 Eigelb
80 g Zucker
1 Päckchen Vanillezucker
3 Eiweiß
1 Esslöffel gemahlene Haselnüsse
etwas Zucker und Zimt
Butterflöckchen
1 Glas Apfelmus

Zubereitung:
Reis in Milch mit Butter garen, kaltstellen. Eigelb, Zucker und Vanillezucker schaumig rühren, zu dem Reis geben, gut vermischen. Anschließend das steifgeschlagene Eiweiß unterziehen. Die Reismasse in eine gefettete Quicheform füllen, glatt streichen. Nacheinander Haselnüsse, Zucker, Zimt und Butterflöckchen darüber verteilen. Im vorgeheizten Backofen bei 200 Grad ca. 30 Minuten backen. Den süßen Reis warm oder kalt mit Apfelmus servieren.

7. Gefüllte Orangen

Zutaten:
75 g Milchreis
$^1/_4$ l Milch
50 g Zucker
1 Päckchen Vanillezucker
2 Orangen
$^1/_2$ Becher süße Sahne
1 Päckchen Vanillezucker
$^1/_2$ Päckchen Sahnesteif

Zubereitung:
Reis in Milch mit Zucker und Vanillezucker garen, kaltstellen. Beide Orangen halbieren, danach das Fruchtfleisch herausnehmen. An jeder Orangenhälfte eine Zackenlinie einschneiden.

Das zerkleinerte Fruchtfleisch zu dem Reis geben, gut vermischen, die mit Vanillezucker und Sahnesteif geschlagene Sahne unterziehen. Den Fruchtreis in die Orangenhälften füllen und gekühlt servieren.

Reis-Möhren-Küchlein

Zutaten:

200 g Reis, etwas Salz, 1 geriebene Möhre, 125 g Quark, 80 g geriebener Hartkäse, 1 Ei, 2 Esslöffel Semmelbrösel, 1/2 Paprikaschote, 1/2 Bund Petersilie, etwas Kräutersalz und Pfeffer, etwas Öl

Zubereitung:

Reis in Salzwasser garen. Möhre, Quark, Hartkäse, Ei, Semmelbrösel, kleine Paprikawürfel, feingehackte Petersilie verrühren, gut würzen, anschließend unter den abgekühlten Reis mischen. Aus der Reismasse kleine Küchlein formen und in heißem Öl auf beiden Seiten goldgelb backen.

REIS-ERBSEN-SALAT

Zutaten:

150 g Reis
200 g Erbsen
150 g Möhren
1 Zwiebel
3 Esslöffel Essig
5 Esslöffel Öl
etwas Kräutersalz
und Pfeffer
1/4 Bund Petersilie

Zubereitung:

Reis in Gemüsebrühe garen. Die zuvor blanchierten Erbsen, feingeraspelten Möhren und Zwiebelwürfelchen mit dem abgekühlten Reis vermischen. Essig, Öl und Gewürze gut verrühren, zu dem Reis geben, vorsichtig unterziehen. Den Reis-Erbsen-Salat zugedeckt ca. 30 Minuten kaltstellen. Vor dem Servieren gehackte Petersilie darüber streuen.

REISKUGELN

Zutaten:
300 g Milchreis
450 ml Gemüsebrühe
150 g geriebener Hartkäse
2 Eier
etwas Salz
Semmelbrösel
etwas Öl

Zubereitung:
Reis in Gemüsebrühe garen, kaltstellen. Käse, Eier, Salz zu dem Reis geben, gut vermischen. Aus der Reismasse Kugeln formen, diese in Semmelbrösel wenden, nun in heißem Öl schwimmend goldgelb ausbacken.

GEFÜLLTE AUBERGINEN

Zutaten:
50 g Reis
4 Auberginen
1/2 Zwiebel
1/2 Bund Petersilie
etwas Olivenöl
1 Ei
2 Esslöffel Sahne
2 Tomaten
etwas Knoblauchsalz,
Pfeffer und Basilikum
50 g geriebener Hartkäse

Zubereitung:
Reis in Gemüsebrühe garen. Auberginen der Länge nach halbieren, auf ein gefettetes Backblech setzen und im vorgeheizten Backofen bei 200 Grad ca. 8 Minuten backen.

Danach die Auberginen-Hälften vorsichtig aushöhlen. Das zerkleinerte Auberginenfleisch, die Zwiebelwürfelchen sowie feingehackte Petersilie in heißem Öl leicht anbraten, zu dem Reis geben. Ei und Sahne verquirlen, kleingeschnittene Tomaten (zuvor enthäuten) und Gewürze zufügen, unter den Reis mischen. Alle Auberginen-Hälften mit Reis füllen, diese in eine gefettete Auflaufform legen, den Käse darüber streuen. Im vorgeheizten Backofen bei 200 Grad ca. 25 Minuten backen.

REIS-PUTENGULASCH

Zutaten:
250 g Reis
1 Zwiebel
1/2 Stange Lauch
2 Möhren
2 Paprikaschoten
etwas Olivenöl
500 g Putengulasch
etwas Öl
etwas Salz, Paprikapulver
und Pfeffer aus der Mühle
etwas Gemüsebrühe

Zubereitung:
Reis in Gemüsebrühe garen. Feingehackte Zwiebel, Lauchringe, Möhrenscheiben, Paprikawürfel in heißem Öl andünsten. Nun das Putengulasch in heißem Öl anbraten, gut würzen, mit Brühe ablöschen. Danach Reis und Gemüse zufügen, kurz erhitzen.

Kartoffel-Schinken-Reis

Zutaten:

1 Zwiebel, 150 g Kartoffeln, 200 g Reis, etwas Olivenöl,
3/4 l Gemüsebrühe, etwas Knoblauchsalz und Pfeffer,
100 g gekochten Schinken, 50 g geriebener Hartkäse

Zubereitung:

Feingehackte Zwiebel, Kartoffelwürfelchen, Reis in heißem Öl andünsten. Nun Gemüsebrühe zufügen, würzen und ca. 35 Minuten köcheln lassen. Danach kleine Schinkenstreifen sowie den Käse untermischen.

REIS MIT FLEISCHKLÖSSCHEN

Zutaten:
1 Zwiebel
4 Kohlrabi
etwas Butter
200 g Reis
etwas Salz und Pfeffer
1/2 l Gemüsebrühe
250 g Hackfleisch
1 Ei
2 Esslöffel Semmelbrösel
1 Teelöffel Paprika
etwas Salz, Pfeffer
und Oregano
etwas Öl

Zubereitung:
Feingehackte Zwiebel und Kohlrabiwürfelchen in heißer Butter andünsten. Den Reis einrühren und gut würzen. Danach die Gemüsebrühe dazugießen, ca. 30 Minuten köcheln lassen. Währenddessen Hackfleisch, Ei, Semmelbrösel und Gewürze vermischen. Daraus kleine Klößchen formen, diese in heißem Öl anbraten. Vor dem Servieren die Fleischklößchen auf dem Reis verteilen.

TOMATEN-MOZZARELLA-REIS

Zutaten:
250 g Reis
1 Zucchini
etwas Olivenöl
etwas Salz und Pfeffer
250 g Champignons
1 Zwiebel
etwas Salz, Pfeffer
und Paprika
4 Tomaten
125 g Mozzarella-Käse
etwas Knoblauchsalz,
Pfeffer und Basilikum

Zubereitung:
Reis in Gemüsebrühe garen. Zucchinischeiben in heißem Öl leicht anbraten, würzen, aus der Pfanne nehmen. Feingehackte Zwiebel und blättrig geschnittene Champignons ebenfalls anbraten und gut würzen.

In eine gefettete Auflaufform den Reis geben, darauf Zwiebel mit Champignons, danach Zucchini- sowie Tomatenscheiben legen. Anschließend zerkleinerten Mozzarella und Gewürze darüber verteilen. Im vorgeheizten Backofen bei 200 Grad ca. 30 Minuten backen.

REIS-TOMATENSUPPE

Zutaten:
50 g Reis
1 Zwiebel
50 g Butter
500 g Tomaten
1 l Fleisch- oder Gemüsebrühe
4 Esslöffel Speisestärke
etwas Salz und Pfeffer
1/2 Becher Crème fraîche
etwas Petersilie

Zubereitung:
Reis in Wasser garen. Zwiebelwürfelchen in heißer Butter glasig dünsten. Kleingeschnittene Tomaten (zuvor enthäuten) mit den Zwiebeln pürieren. Fleisch- oder Gemüsebrühe dazu gießen und köcheln lassen.

Speisestärke mit etwas Wasser glatt rühren, zu der Suppe geben, diese nun ca. 5 Minuten kochen. Den Reis zufügen, gut würzen. Die Reis-Tomatensuppe vom Herd nehmen, Crème fraîche unterziehen und feingehackte Petersilie darüber streuen.

SCHINKEN-REIS-SALAT

Zutaten:
100 g Reis
etwas Salz
150 g gekochten Schinken
je 1 rote, gelbe und grüne Paprikaschote
50 g Champignons
1 kleine Zucchini
1 Zwiebel
3 Esslöffel Essig
1/2 Becher Crème fraîche
etwas Salz und Pfeffer
Schnittlauchröllchen

Zubereitung:
Reis in Salzwasser garen. Kleine Schinkenstreifen, Paprikawürfelchen, blättrig geschnittene Champignons, grob geraspelte Zucchini und feingehackte Zwiebel zu dem abgekühlten Reis geben. Essig, Crème fraîche, Salz, Pfeffer gut verrühren, die Marinade unter den Reis ziehen. Zum Schluss Schnittlauchröllchen darüber streuen. Den Salat zugedeckt ca. 30 Minuten kaltstellen.

TOMATEN-AUBERGINEN-REIS

Zutaten:
150 g Reis
200 g Auberginen
etwas Salz
4 Tomaten
50 g geriebener Hartkäse
1 Ei
1 Becher Crème fraîche
etwas Kräutersalz, Pfeffer
und Kräuter der Provence

Zubereitung:
Reis in Gemüsebrühe garen. Auberginen schälen, in dünne Scheiben schneiden, Salz darüber streuen und zugedeckt durchziehen lassen. Nun in eine gefettete Auflaufform lagenweise Reis sowie Auberginenscheiben geben. Danach Tomatenscheiben (Tomaten zuvor enthäuten) gleichmäßig auf die oberste Reisschicht legen und mit Käse bestreuen. Ei, Crème fraîche, Gewürze gut verrühren, über den Auflauf gießen und im vorgeheizten Backofen bei 200 Grad ca. 30 Minuten backen.

THUNFISCH-REIS-AUFLAUF

Zutaten:
200 g Reis
1 Zwiebel
1 rote Paprikaschote
etwas Olivenöl
etwas Knoblauchsalz
und Pfeffer
150 g Erbsen
etwas Gemüsebrühe
2 Dosen Thunfisch
2 Eier
1 Becher süße Sahne
etwas Kräutersalz
und Pfeffer
30 g geriebener Hartkäse

Zubereitung:
Reis in Gemüsebrühe garen. Zwiebel- und Paprikawürfelchen in heißem Öl andünsten, zu dem Reis geben, gut würzen. Erbsen in Gemüsebrühe blanchieren, den abgetropften Thunfisch zerkleinern, danach Eier, Sahne, Gewürze verquirlen und alles vorsichtig unter den Reis mischen. Diesen in eine gefettete Auflaufform füllen, Käse gleichmäßig darüber verteilen. Den Auflauf im vorgeheizten Backofen bei 200 Grad ca. 30 Minuten backen.

LECKERES REIS-FLEISCHGERICHT

Zutaten:
300 g Reis
etwas Salz
300 g Geschnetzeltes
etwas Öl
etwas Salz, Pfeffer
und Paprikapulver
etwas Gemüsebrühe
1 Zwiebel
2 Stangen Lauch
300 g Möhren
1 Becher Crème fraîche
etwas Kräutersalz,
Pfeffer und Curry

Zubereitung:
Reis in Salzwasser garen. Geschnetzeltes in heißem Öl anbraten, gut würzen. Anschließend den Bratenfond mit Gemüsebrühe ablöschen, Zwiebelwürfelchen, Lauchringe, Möhrenscheiben zufügen, alles dünsten. Crème fraîche unterrühren, mit den Gewürzen abschmecken. Danach Reis und Fleisch zum Gemüse geben, kurz erhitzen.

ZUCCHINI-REIS-QUICHE

Zutaten:

Teig:

200 g Mehl
1 Messerspitze Backpulver
1/2 Teelöffel Kräutersalz
1 Ei
2 Esslöffel Wasser
80 g Butter

Belag:

150 g Reis
etwas Salz
4 Eier
1 Becher Crème fraîche
etwas Knoblauchsalz
und Pfeffer
500 g Zucchini
100 g geriebener Hartkäse

Zubereitung:

Alle Teigzutaten zu einem glatten Teig verarbeiten, ca. 1 Stunde kaltstellen. Für den Belag Reis in Salzwasser garen. Nun 2 Eier, Crème fraîche, Gewürze verquirlen, grob geraspelte Zucchini unterrühren und 1 Stunde kaltstellen. Danach abgekühlten Reis zufügen, gut vermischen. Anschließend den Teig auf einer bemehlten Arbeitsfläche auswellen und in eine gefettete Quicheform legen. Die Reismasse auf dem Teigboden verteilen. Im vorgeheizten Backofen bei 200 Grad ca. 35 Minuten backen. Restliche Eier, Salz, Pfeffer verquirlen, über das Quiche gießen und mit Käse bestreuen, in ca. 15 Minuten fertig backen.

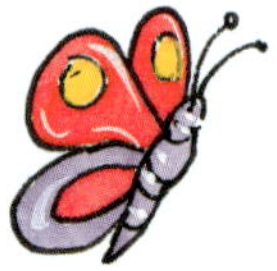

ORANGEN-REIS

Zutaten:

300 g Reis
etwas Salz
500 g Geschnetzeltes
etwas Öl
1 Orange
1 Esslöffel Curry
$^{1}/_{4}$ l Gemüsebrühe
1 Becher süße Sahne

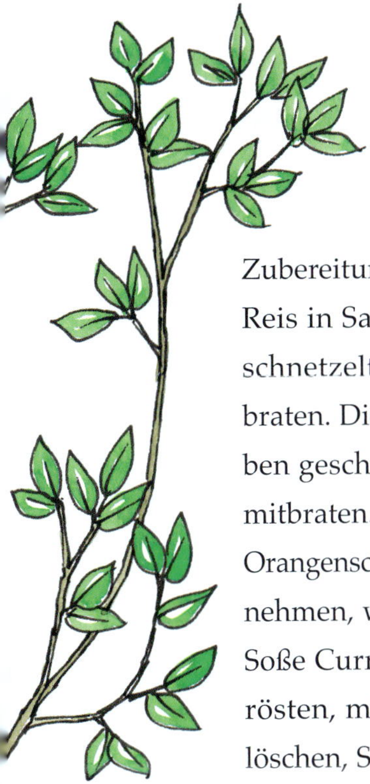

Zubereitung:

Reis in Salzwasser garen. Geschnetzeltes in heißem Öl anbraten. Die geschälte, in Scheiben geschnittene Orange kurz mitbraten. Danach Fleisch und Orangenscheiben aus der Pfanne nehmen, warm stellen. Für die Soße Curry im Bratenfond anrösten, mit Gemüsebrühe ablöschen, Sahne zufügen, etwas einkochen lassen. Anschließend den Reis mit Orangenscheiben, Fleisch und Currysoße anrichten.

PILZ-GEMÜSE-REISRING

Zutaten:

250 g Reis
etwas Salz
30 g Butter
180 g Möhren
400 g Pilze
etwas Butter
180 g Erbsen
etwas Gemüsebrühe
etwas Kräutersalz
und Pfeffer
Butterflöckchen

Zubereitung:

Reis in Salzwasser garen, danach die Butter unterziehen. Möhrenscheiben und kleingeschnittene Pilze in zerlassener Butter andünsten, die zuvor in Gemüsebrühe blanchierten Erbsen zufügen, gut würzen.

Den Reis in eine gefettete Ringform füllen, Butterflöckchen darüber verteilen. Im vorgeheizten Backofen bei 175 Grad etwa 10 Minuten backen. Den Reis auf eine Platte stürzen und das Pilz-Gemüse im Reisring anrichten.

PFIRSICH-REISKUCHEN

Zutaten:

Teig:

200 g Mehl
100 g Zucker
1 Päckchen Vanillezucker
1 Ei
1 Esslöffel Wasser
100 g Butter

Belag:

200 g Milchreis
$^{1}/_{2}$ l Milch
30 g Butter
70 g Zucker
1 Päckchen Vanillezucker
1 Teelöffel Zimt
3 Eigelb
1 Dose Tortenpfirsich-Schnitten
3 Eiweiß
1 Esslöffel Zucker
1 Päckchen Vanillezucker

Zubereitung:

Alle Teigzutaten zu einem glatten Teig verarbeiten, etwa 1 Stunde kaltstellen. Währenddessen Reis in Milch mit Butter, Zucker, Vanillezucker, Zimt garen. Nun den Teig auf einer bemehlten Arbeitsfläche auswellen und in eine gefettete Springform legen. Im vorgeheizten Backofen bei 200 Grad 15 Minuten vorbacken. Eigelb mit $^{2}/_{3}$ der abgekühlten Reismasse verrühren und auf den Kuchenboden streichen, darüber die gut abgetropften Pfirsiche verteilen. Eiweiß, Zucker, Vanillezucker steif schlagen, unter den restlichen Reis mischen, als letzte Schicht auf den Kuchen geben. Den Pfirsich-Reiskuchen weitere ca. 30 Minuten backen.

REIS-APFEL-LECKEREI

Zutaten:
125 g Milchreis
$^{1}/_{2}$ l Milch
80 g Zucker
2 Eier
1 Päckchen Vanillezucker
1 Teelöffel Zimt
2 Äpfel
2 Esslöffel Rosinen
etwas Butter
etwas Zucker und Zimt

Zubereitung:
Reis in Milch mit Zucker garen. Nun Eier, Vanillezucker und Zimt einrühren. Äpfel schälen, vierteln, Kerngehäuse entfernen, danach in kleine, feine Scheiben schneiden. Äpfel und Rosinen unter den Reis mischen. Die Apfel-Reismasse in zerlassene Butter geben, von beiden Seiten goldgelb backen, mit einem Bratenwender in Stückchen zerkleinern. Vor dem Servieren Zucker und Zimt darüber streuen.

KIRSCH-REISTORTE

Zutaten:

Teig:

3 Eigelb
3 Esslöffel lauwarmes Wasser
100 g Puderzucker
1 Päckchen Vanillezucker
3 Eiweiß
50 g Mehl
50 g Speisestärke
1/2 Teelöffel Backpulver

Belag:

200 g Milchreis
3/4 l Milch
100 g Zucker
1 Päckchen Vanillezucker
2 Becher süße Sahne
2 Päckchen Vanillezucker
3 Päckchen Sahnesteif
1 Glas Kirschen
geraspelte Schokolade

Zubereitung:

Eigelb und Wasser schaumig schlagen. Löffelweise Zucker, Vanillezucker dazugeben, cremig rühren. Steifgeschlagenes Eiweiß zufügen, darüber das mit Speisestärke und Backpulver vermischte Mehl sieben, alles vorsichtig vermengen. Den Teig in eine mit Back-Trennpapier ausgelegte Springform füllen. Im vorgeheizten Backofen bei 175 Grad ca. 15 Minuten backen. Den Reis in Milch mit Zucker und Vanillezucker garen. Sahne, Vanillezucker, Sahnesteif schlagen, unter den erkalteten Reis ziehen. Nun auf den ausgekühlten Biskuitboden zuerst die Hälfte der Reismasse streichen, anschließend nacheinander die gut abgetropften Kirschen sowie den restlichen Reis gleichmäßig verteilen. Geraspelte Schokolade über die Kirsch-Reistorte streuen, bis zum Servieren kaltstellen.

INHALT Seite

SÜSSE REISKÜCHE:

PIKANTE REISKÜCHE:

Die erfolgreichen

Elke und Timo Schuster
Margret Hoss
Nudelzauber
64 S. / gebunden
29,7 x 21 cm
€ (D) 9,95 € (A) 10,30
ISBN 978-3-7806-2002-6

Elke und Timo Schuster
Johanna Ignjatovic
Backgeheimnisse
64 S. / gebunden
29,7 x 21 cm
€ (D) 9,95 € (A) 10,30
ISBN 978-3-7806-2000-2

Elke und Timo Schuster
Margret Hoss
Backen für Freunde
64 S. / gebunden
29,7 x 21 cm
€ (D) 9,95 € (A) 10,30
ISBN 978-3-7806-2004-0

Elke und Timo Schuster
Margret Hoss
Kartoffelkiste
64 S. / gebunden
29,7 x 21 cm
€ (D) 9,95 € (A) 10,30
ISBN 978-3-7806-2003-3

Elke und Timo Schuster
Margret Hoss
Kochen für Freunde
64 S. / gebunden
29,7 x 21 cm
€ (D) 9,95 € (A) 10,30
ISBN 978-3-7806-2005-7

Elke und Timo Schuster
Margret Hoss
Aufläufe & Co.
64 S. / gebunden
29,7 x 21 cm
€ (D) 9,95 € (A) 10,30
ISBN 978-3-7806-2001-9

Koch- und Backbücher

Elke und Timo Schuster
Margret Hoss
Torten-ABC
64 S. / gebunden
29,7 x 21 cm
€ (D) 9,95 € (A) 10,30
ISBN 978-3-7806-2014-9

Elke und Timo Schuster
Margret Hoss
Feine Waffeln - Tolle Muffins
64 S. / gebunden
29,7 x 21 cm
€ (D) 9,95 € (A) 10,30
ISBN 978-3-7806-2023-1

Elke und Timo Schuster
Margret Hoss
Reisküche
64 S. / gebunden
29,7 x 21 cm
€ (D) 9,95 € (A) 10,30
ISBN 978-3-7806-2009-5

Elke und Timo Schuster
Margret Hoss
Weihnachtsbäckerei
64 S. / gebunden
29,7 x 21 cm
€ (D) 9,95 € (A) 10,30
ISBN 978-3-7806-2006-4

Elke und Timo Schuster
Daniela Pohl
Adventskalender
48 S. / Spiralbindung
28 x 21 cm
€ (D) 14,95 € (A) 15,40
ISBN 978-3-7806-2008-8

Elke und Timo Schuster
Margret Hoss
Geburtstagsbuch
64 S. / gebunden
29,7 x 21 cm
€ (D) 9,95 € (A) 10,30
ISBN 978-3-7806-2010-1

Kostprobe aus der Reisküche

Zutaten:

1 Zwiebel, etwas Olivenöl, 200 g Kartoffeln,
150 g Reis, etwas Kräutersalz und Pfeffer,
3/4 l Gemüsebrühe, 1 Teelöffel Curry,
500 g Zucchini, 1/4 Bund Petersilie

Zubereitung:

Kleingeschnittene Zwiebel in heißem Öl andünsten. Kartoffelwürfel sowie den Reis zufügen, gut würzen, anschließend mit Brühe auffüllen, 20 Minuten köcheln lassen. Curry einrühren, Zucchiniwürfel dazugeben und in weiteren ca. 5 Minuten fertig garen. Vor dem Servieren feingehackte Petersilie über den Kartoffel-Zucchini-Reis streuen.

Verantwortlich: Elke und Timo Schuster
Illustration: Margret Hoss
Fotografie: Axel Waldecker

Bibliografische Information der Deutschen Bibliothek
Die Deutsche Bibliothek verzeichnet diese Publikation in der Deutschen Nationalbibliografie; detaillierte bibliografische Daten sind im Internet über http://dnb.ddb.de abrufbar.

1. Auflage 2014

Druck und Bindung: Himmer AG, Augsburg
ISBN 978-3-7806-2009-5

www.zwergenstuebchen-schuster.de

Meine Reisrezepte